isela Mötzing

Unser Frühlingskalender für die Seniorenbetreuung

40 Karten mit Aktivierungsideen von Ostern bis Pfingsten

Verlag an der Ruhr

Impressum

Titel

Unser Frühlingskalender für die Seniorenbetreuung

40 Karten mit Aktivierungsideen von Ostern bis Pfingsten

Autorin

Gisela Mötzing

Umschlagmotive und Heft-Innenteil

Unter Verwendung von Motiven von: *stock.adobe.com:* Kaninchen © Uros Petrovic; Hyazinthen © PhotoSG; Streumuster Blumen/Eier © Jan Engel; Cover-Illustration Blume © Cute Designs | *Shutterstock.com:* Apfelkuchen © annata78; bemalte Eier © Darya Sushaya

Lektorat

Katia Simon

Druck

Druckerei Uwe Nolte, Iserlohn, DE

Verlag an der Ruhr

Mülheim an der Ruhr

www.verlagruhr.de

Wichtiger Hinweis

Die Inhalte in diesem Karten-Set sind von der Autorin mit großer Sorgfalt erarbeitet und ausgewählt worden, stellen jedoch keine therapeutischen Maßnahmen dar. Nehmen Sie dennoch eine genaue Prüfung entsprechend Ihrer Situation vor und wägen verantwortungsvoll ab, welche Übungen Sie mit welchen Personen durchführen. Wenn Unsicherheiten oder bereits bestehende Erkrankungen/Allergien vorliegen, klären Sie die Anwendung mit der Pflegedienstleitung oder dem behandelnden Arzt bzw. der Ärztin ab.

Die Autorin und der Verlag übernehmen weder für die Aktualität, Korrektheit und Vollständigkeit der bereitgestellten Inhalte eine Gewähr noch dafür, dass diese für Ihren individuellen Einzelfall geeignet und ausreichend sind. Alle Inhalte dienen ausschließlich der Information, ebenso wie deren Durchführung ausschließlich in eigener Verantwortung des*der Anwenders*Anwenderin erfolgt.

GTIN 4260217051110

Inhaltsverzeichnis

Vorwort

Dieser Frühlingskalender ist aus meiner praktischen Arbeit in der sozialen Betreuung mit pflegebedürftigen Senior*innen[1] entstanden. Ich gebe Ihnen damit ein praktisches und methodisch gut durchdachtes Material an die Hand, das Sie im Frühling mit Ihren Teilnehmer*innen in der Einzel- oder Gruppenbetreuung flexibel einsetzen können. Die Bausteine auf den Karten sind praxisorientiert und von mir jahrelang erprobt und entwickelt worden.

Der Frühling ist die Zeit der erwachenden und sprießenden Natur. Es ist die Zeit des Aufbruchs in die wärmere Jahreszeit. Die Natur erwacht wieder neu: Das zarte Grün der Bäume kommt hervor, die ersten Blumen blühen, Kräuter und Gräser schauen aus der Erde, die Vögel zwitschern, die Tage werden länger und die Sonne beginnt, zu wärmen. Insbesondere bei Älteren, Demenzerkrankten und Hochbetagten werden nun zahlreiche Erinnerungen an früher wach.

Der Frühlingskalender bietet kunterbunte Ideen aus verschiedenen Bereichen, die alle Sinne, motorische und kognitive Fähigkeiten sowie die Interessen der Senior*innen anregen.
Mit ihm können Sie das Frühjahr für die Senior*innen strukturieren und themenbezogen begleiten. Die Aktivierungen orientieren sich am Frühlingsverlauf, seinen Festen und den biografischen Erfahrungen der Senior*innen. Die Anregungen beziehen immer wieder die persönlichen Lebenserfahrungen der Senior*innen mit ein und sind so auch immer ein Baustein zur gezielten Erinnerungsarbeit.

Ich wünsche Ihnen beim Umsetzen und Weiterentwickeln der Ideen viel Freude, Austausch und Gemeinschaftserleben.

Ihre Gisela Mötzing

[1] Der Verlag an der Ruhr bemüht sich um eine geschlechtergerechte und inklusive Sprache. Aus diesem Grund verwenden wir in der Ansprache unserer Kund*innen das Gendersternchen, um sowohl männliche und weibliche als auch nicht binäre Geschlechtsidentitäten einzuschließen.

Einführung

Dieser Frühlingskalender besteht aus 40 einzelnen Karten, die unterschiedliche Aktivierungsideen zur Frühlingszeit beinhalten, sowie aus diesem ergänzenden Begleitheft. Auf jeder Karte ist auf der Vorderseite ein stimmungsvolles und thematisch passendes Fotomotiv abgebildet und auf der Rückseite die entsprechende Aktivierung dazu abgedruckt, praxisorientiert und übersichtlich aufgebaut.

Der große Vorteil dieses Frühlingskalenders in Kartenform ist, dass Sie ihn sehr flexibel einsetzen können: ob Sie im Team die Karten untereinander aufteilen, nur ausgewählte einsetzen möchten, gleich mehrere Angebote zu einer umfangreichen Aktivierungsrunde zusammenfassen möchten oder die Karten als Dekoration verwenden wollen usw. Nutzen Sie die Karten, wann Sie möchten: Die Inhalte bauen nicht aufeinander auf und nur einige der Karten sind an konkrete Anlässe gebunden, z. B. Ostern, Pfingsten oder Muttertag. Die meisten Angebote können Sie den Senior*innen zudem ohne große Vorbereitungszeit anbieten.

Als Mitarbeiter*in in der sozialen Betreuung in teilstationären und stationären oder auch ambulanten Pflege- und Betreuungseinrichtungen arbeiten Sie mit den unterschiedlichsten Senior*innen mit den verschiedensten Fähigkeiten und Interessen. So flexibel wie Sie muss auch Ihr Arbeitsmaterial sein: Mit den Aktivierungsangeboten können Sie die Freude der Senior*innen über die schöne Frühlingszeit fördern, die Ressourcen der Senior*innen stärken und sie sensibel unterstützen. Sie fördern zudem das Gefühl, Gemeinschaft und soziale Teilhabe zu erleben.

Auf den Frühlingskalenderkarten finden Sie kreative, musikalische, sinnliche, kommunikative und entspannende Angebote, aber auch Bewegungsanregungen, Gedächtnistrainings, Vorleseangebote und Koch- bzw. Backideen. Die jeweiligen Kategorien können Sie auf jeder der Karten ablesen. (Weitere Informationen zu den Kategorien finden Sie ab S. 11.)

Die Aktivierungsangebote orientieren sich an den lebensgeschichtlichen Erinnerungen und der persönlichen Lebenserfahrung der Senior*innen sowie an bekanntem Brauchtum und Ritualen. Die individuellen Fähigkeiten der Teilnehmer*innen können Sie bei der Auswahl der Aktivierungsideen berücksichtigen: Es sind motorisch herausfordernde Angebote dabei, aber auch einfacher umzusetzende. Bei vielen Anregungen profitieren die Teilnehmer*innen auch, wenn sie selbst nicht aktiv werden können oder möchten. Es sind Karten dabei, die Sie in Aktivierungsrunden mit orientierten Senior*innen, mit Demenzerkrankten sowie mit Teilnehmer*innen mit motorischen oder kognitiven Einschränkungen zum Einsatz bringen können. Manche Aktivierungskarten sind für alle Zielgruppen geeignet, andere nur eingeschränkt. Hinweise dazu und zu den jeweils geeigneten Gruppengrößen finden Sie auf jeder Karte bei den Angeboten.

In diesem Begleitheft erwartet Sie zunächst ein Überblick über den gesamten Frühlingskalender und seine Einsatzmöglichkeiten. Anschließend folgen ergänzende Informationen, weiterführende Anregungen oder auch praktische Alternativen zu den Aktivierungsideen auf den Karten. Diese sind übersichtlich nach der Nummerierung der Karten sortiert.

Über diesen Frühlingskalender

WER KANN DIE AKTIVIERUNGSIDEEN ANLEITEN?

Der Frühlingskalender kann sowohl von Fachkräften als auch von Nichtfachkräften angeleitet werden, z. B. von:

- Altenpfleger*innen
- Mitarbeiter*innen in sozialen und betreuenden Diensten
- Betreuungsassistent*innen und Alltagsbegleiter*innen
- ehrenamtlichen Betreuungsmitarbeiter*innen
- Gedächtnistrainer*innen
- Ergotherapeut*innen
- Angehörigen von Senior*innen bzw. Menschen mit Demenz

AUFGABEN DER GRUPPENLEITUNG BEI GESPRÄCHSRUNDEN

Einige der Frühlingskalenderkarten regen Gesprächsrunden an. Es ist empfehlenswert, dabei die folgenden Grundsätze zu beachten:

- Übernehmen Sie als Gruppenleitung die Moderation.
- Sie leiten das Gespräch und weisen auf Gesprächsregeln hin, z. B. Jede*r darf zu Wort kommen. Jede*r darf ausreden. Jeder Beitrag wird wertgeschätzt.
- Lenken Sie die Erzählrunde inhaltlich durch Impulsfragen und Denkanstöße.
- Beziehen Sie mit gezielter Ansprache auch stille Teilnehmer*innen ein und regulieren Sie mit Einverständnis des*der Sprechenden überlange Redezeiten.
- Lassen Sie Emotionen zu, fangen Sie diese auf, gehen Sie darauf ein und binden Sie sie in einen positiven Rahmen ein.

WER IST DIE ZIELGRUPPE?

Die Aktivierungsideen sind für pflegebedürftige Senior*innen in der teilstationären und stationären Pflege sowie in der ambulanten Betreuung konzipiert.

Die Ressourcen und Einschränkungen der pflegebedürftigen Senior*innen sind individuell und im Selbstständigkeitsgrad unterschiedlich. Deshalb sind die Aktivierungsideen ein flexibles Arbeitsmaterial, das Sie Menschen mit und ohne kognitive Einschränkungen anbieten können. Menschen mit einer beginnenden und fortgeschrittenen Demenz können in viele Gruppenangebote einbezogen werden. Entscheidend ist, dass Menschen mit Demenz sich in der Gruppe wohlfühlen, von den anderen Gruppenmitgliedern akzeptiert und nicht überfordert werden. Allerdings sollten Sie darauf achten, dass das Leistungsniveau der Gruppenmitglieder insgesamt nicht zu unterschiedlich ist. Schätzen Sie ein, welche Aktivierung für wen geeignet ist, ob sie auf eine*n Teilnehmer*in bzw. die Gruppe angepasst werden kann oder welche assistierende Hilfestellung eine Teilnahme ermöglicht (z. B. Übernahme einer Handlung bei einer Halbseitenlähmung). Im Zweifelsfall sollte immer die Fachpflegekraft, der*die Physiotherapeut*in, der*die Ergotherapeut*in oder der Arzt oder die Ärztin befragt werden.

WAS SIND DIE ZIELE?

Die Aktivierungsangebote des Frühlingskalenders fördern und aktivieren folgende Aspekte:

- zeitliche Orientierung durch ein jahreszeitliches Thema
- Biografiearbeit – Anknüpfen an die persönliche Lebenswelt und religiöse Orientierung
- Erinnerungspflege – positive Erinnerungen auszulösen, steigert das Selbstwertgefühl
- Erhalt von bekanntem Brauchtum
- Förderung von Kommunikation, Geselligkeit und Gemeinschaftserleben
- Förderung von Sprache, Ausdrucksmöglichkeiten und Erzählkompetenz
- Förderung der Wahrnehmung mit allen Sinnen
- Erhalt und Förderung von kognitiven Ressourcen sowie Aktivierung des Langzeitgedächtnisses
- Förderung von Mobilität und Motorik
- Förderung von positivem Erleben, Lebensfreude und Lebensqualität
- neue Erfahrungen

HINWEIS: Sie können die Karten auch gut einsetzen, um individuelle Ziele zu erreichen.

WIE VIELE SENIOR*INNEN KÖNNEN TEILNEHMEN?

Die Aktivierungsangebote auf den Frühlingskalenderkarten sind für verschiedene Gruppengrößen geeignet. Auf jeder Karte sind jeweils konkrete Empfehlungen formuliert.

Die meisten der Aktivierungsideen eignen sich für Gruppen mit vier bis zwölf Teilnehmer*innen. Manche Ideen können ausschließlich in der Einzelbetreuung angeboten werden (z. B. „Kim-Spiel: Bohnenbad“, Karte 12), andere können sowohl in der Einzel- als auch einer Gruppenbetreuung umgesetzt werden (z. B. „Mit dem Frühling kommt die Hoffnung“, Karte 2), für andere Aktivierungen bietet sich eine Partnerarbeit an (z. B. „Frühlingsblumen-Schüttelwörter“, Karte 8).

Jede Gruppengröße hat Vor- und Nachteile: Einzelarbeit ermöglicht individuelles Eingehen auf Erfahrungen, Fähigkeiten und Bedürfnisse. Die Kleingruppe hat hingegen eine familienähnliche Struktur und die Senior*innen fühlen sich darin meist wohl. Es stehen gemeinschaftliches Erleben, soziale Teilhabe, Kommunikation, Austausch und Reflexion von Lebenserfahrungen, soziales Verhalten und Erleben von Unterhaltung und gemeinsamer Freude im Vordergrund.

Die ideale Gruppengröße hängt von vielen Faktoren und Ihrer persönlichen Einschätzung ab, z. B. vom Thema, den Ressourcen der Teilnehmer*innen, der geplanten Arbeitsform, dem Betreuungskonzept, den Umgebungsfaktoren (Raumgröße).

HINWEIS: Je stärker die Selbstständigkeit eingeschränkt ist, desto höher ist der individuelle Unterstützungsbedarf und desto kleiner sollte die Gruppe sein, um diesen gewährleisten zu können. Menschen mit Demenz benötigen umfangreiche Unterstützung, deshalb sind sehr kleine Gruppen, z. B. von vier bis sechs Personen, gut geeignet.

DIE KATEGORIEN AUF DEN FRÜHLINGSKALENDERKARTEN

Den Aktivierungsideen ist jeweils mindestens eine Kategorie zugeordnet, meist mehrere. Die Kategorien helfen Ihnen dabei, zu entscheiden, welches Angebot Sie mit Ihren Teilnehmer*innen umsetzen möchten. Folgende Kategorien gibt es:

Vorlesen:

In dieser Kategorie finden Sie Gedichte und Erzählerisches sowie kurze Zusammenfassungen verschiedener Traditionen, die Sie vorlesen können.

Erzählrunde:

In dieser Kategorie finden Sie Anregungen zu Themen, die von lebens- und kulturgeschichtlicher Bedeutung sind. Impuls- und Wissensfragen regen Gespräche, Austausch und Erzählen an.

Entspannung:

In dieser Kategorie finden Sie Anleitungen und Anregungen zu entspannenden Aktivitäten. Entspannungsmomente und -übungen sind genauso wichtig wie anregende Aktivitäten.

Kochen/Backen:

In dieser Kategorie finden Sie Rezeptanregungen, die sicher angenehme Gefühle bei den Teilnehmer*innen auslösen. Von Vorteil ist, wenn Ihnen eine Küche(nzeile) zur Verfügung steht.

Kreatives Gestalten:

In dieser Kategorie erhalten Sie Anleitungen und Anregungen für unterschiedliche kleine Kreativprojekte. Kreatives Gestalten war für viele Senior*innen früher eine beliebte Freizeitbeschäftigung. Den Teilnehmer*innen sollten Sie hier immer vermitteln: „Der Weg ist das Ziel".

Singen/Musizieren:

In dieser Kategorie finden Sie wohlbekannte Lieder zum gemeinschaftlichen Singen sowie weitere musikalische Anregungen, die Sie in Angebote integrieren können. Singen und

Musizieren sind ein Königsweg, um das Gefühlsleben und die Seele pflegebedürftiger und hochbetagter Menschen zu erreichen.

Sinneswahrnehmung:

In dieser Kategorie finden Sie Anleitungen zu taktilen, olfaktorischen und gustatorischen Aktivitätsanregungen.

Gedächtnis/Konzentration:

In dieser Kategorie finden Sie themenbezogene Übungen, die unterschiedliche Gedächtnisfunktionen trainieren, z. B. Konzentration und Aufmerksamkeit, Kurzzeit- und Langzeitgedächtnis, Sprachvermögen, assoziatives Denken.

Bewegung:

In dieser Kategorie finden Sie spielerisch auszuführende Bewegungsübungen, die leicht im Alltag der sozialen Betreuung umgesetzt werden können.

PRÄSENTATION DES FRÜHLINGSKALENDERS

Die Kartenform macht den Frühlingskalender flexibel – auch darin, wie Sie ihn den Senior*innen präsentieren:

Neben der inhaltlichen Nutzung kann er auch dekorativ zum Einsatz kommen. Sie können z. B. eine jeweils zu den aktuellen Feiertagen passende Auswahl an Karten im Gemeinschaftsraum oder neben dem Wochenplan der Einrichtung an einer Schnur aufhängen (etwa mit Wäscheklammern oder gelocht und festgebunden), sie mit Magneten an einer Bilderleiste aus Metall befestigen, an eine Pinnwand heften oder angelehnt auf einer Fensterbank oder auf einem Regal aufstellen.

Letztere Variante ist besonders für die Einzelbetreuung empfehlenswert. Nach jeder umgesetzten Akivierungsidee können Sie die aktuelle Karte ergänzen. Es ist für Menschen mit Demenz und Hochbetagte besonders wichtig, dass es einen festen Platz für die Aktivierungskarten gibt. Auch wenn Sie nicht alle 40 Angebote mit Ihren Teilnehmer*innen durchführen, können Sie alle Karten zur Dekoration aufhängen.

Ergänzende und weiterführende Ideen zu den Frühlingskalenderkarten

Hier finden Sie ergänzende und weiterführende Ideen zu den Aktivierungen auf den Frühlingskalenderkarten. Die Angaben zur Zielgruppe und Gruppengröße finden Sie jeweils auf den Karten.

1. QUIZFRAGEN ZUM FRÜHLING

Gedächtnis/Konzentration | Erzählrunde

Es geht bei den Quizfragen nicht nur darum, Wissen aus dem Langzeitgedächtnis abzurufen, sondern es mit Lebenserfahrungen und dem aktuellen Alltag zu verknüpfen.

Weitere Quizfragen:

- An welchem Feiertag wird die Aussendung des heiligen Geistes gefeiert? *(Pfingsten)*
- Wie nennt man den Sonntag vor Ostern? *(Palmsonntag)*
- Welche traditionellen Osterrezepte kennen Sie? *(z. B. Osterlammbraten, Striezel, Osterbrot, Eiergerichte, Hasenbraten)*
- Welche Vögel kommen im Frühling aus dem Süden zurück? *(Zugvögel, z. B. Störche, Schwalben, Kraniche, Kuckucke, Wildgänse)*
- Welche Frühlingsblumen wachsen aus einer Zwiebel? *(z. B. Tulpen, Krokusse, Schneeglöckchen)*
- Wie lautet ein alter Name für den Monat April, weil dieser so launisch ist? *(Launing)*
- Nennen Sie drei Frühlingslieder! *(z. B. „Jetzt fängt das schöne Frühjahr an", „Kuckuck, Kuckuck, ruft's aus dem Wald", „Komm, lieber Mai")*

Beenden Sie die Quizrunde zum Abschluss mit folgendem Gedicht:

Er ist's

Frühling lässt sein blaues Band
Wieder flattern durch die Lüfte;
Süße, wohlbekannte Düfte

Streifen ahnungsvoll das Land.
Veilchen träumen schon,
Wollen balde kommen.
– Horch, von fern ein leiser Harfenton!
Frühling, ja du bist's!
Dich hab ich vernommen!

— Eduard Mörike (1804–1875)

2. MIT DEM FRÜHLING KOMMT DIE HOFFNUNG

Vorlesen | Erzählrunde

Es wirkt sich positiv aus, wenn Sie für eine Aktivierungsrunde eine Mischung aus Vorlesen, Erzählen und Austausch wählen. Die Kommunikation sollte im Vordergrund stehen. Regen Sie das Gespräch an.

Impulsfragen:

- Welche Jahreszeit ist Ihnen am liebsten?
- Auf welche Weise warten Sie nach dem Winter auf den Frühling?
- Freuen Sie sich auf den Frühling?
- Wodurch spüren Sie die Hoffnung in dem Gedicht „Hoffnung" von Emanuel Geibel?

3. BELIEBTE FRÜHLINGSGERICHTE

Kochen/Backen | Sinneswahrnehmung | Gedächtnis/Konzentration

Neben der Grünen Soße gibt es sicher noch weitere Lieblingsgerichte der Teilnehmer*innen, die traditionell im Frühling zubereitet werden, z. B. Spargel in Schinkenröllchen, Bärlauchsuppe, Spargelcremesuppe, Rhabarbergrütze. Sammeln Sie diese und kochen Sie evtl. welche nach. Legen Sie ein Rezeptbuch mit den Lieblingsrezepten an.

4. DAS BISSCHEN HAUSHALT

Erzählrunde | Gedächtnis/Konzentration | Singen/Musizieren

Erweitern Sie das Thema „Frühjahrsputz“ um das Thema „Hausarbeit“. Bringen Sie hierzu Haushaltsgegenstände von früher mit.

Impulsfragen:

- Was musste früher im Haushalt alles erledigt werden?
- Was war Männerarbeit bei der Hausarbeit?
- Was haben Sie im Haushalt gerne gemacht?
- Welche Tätigkeiten waren Ihnen ein Dorn im Auge?
- Haben die Kinder im Haushalt mitgearbeitet?
- Welche Haushaltsgeräte haben Sie erstmalig erlebt? (z. B. Staubsauger, Kühlschrank)

5. KÖRPERWAHRNEHMUNG: WACHKLOPFEN

Bewegung | Sinneswahrnehmung | Entspannung

Führen Sie weiterhin eine Wahrnehmungsübung zum Wachklopfen des Körpers durch. Geben Sie mit ruhiger Stimme Anleitung:

- zum Warmwerden tüchtig die Hände aneinanderreiben
- sacht den Kopf beklopfen – wie Regentropfen
- von oben nach unten weiterklopfen: Schultern links und rechts beklopfen
- sacht auf das Brustbein klopfen und dabei einen erleichternden Ton machen: „Haaa!“
- die Lenden rechts und links kräftiger mit der Hand und den Bauch mit den Fingerspitzen sehr sacht beklopfen
- zuletzt kräftiger die Oberschenkel beklopfen
- wer sich nach vorn beugen kann, klopft auch die Waden
- mit den flachen Händen den Körper entlangstreichen und sich vorstellen, alle Sorgen wegzustreichen
- die Hände mit Sorgen ausschütteln

6. WEITERE IDEEN MIT KRESSESAMEN

Kreatives Gestalten | Sinneswahrnehmung

- ein Herz mit Kressesamen auf einer Tonschale säen
- Kresse in einer mit Watte gefüllten Sammeltasse säen
- Kresse auf einer Untertasse mit feuchter Watte säen – Osterei in gewachsene Kresse legen
- Kresse in Eierbechern mit Blumenerde säen

7. WEITERE RIECH-KIM-SPIELE

Sinneswahrnehmung | Gedächtnis/Konzentration

Finden Sie selbst geeignete Variationen von Riech-Kim-Spielen, z. B.:

- einzelne Kräutersträußchen oder Blumen, z. B. Narzisse, in ein Schmucksäckchen tun und raten lassen
- leere Dosen von Gesichtscreme mit Wattebäuschen befüllen, mit 6–10 Tropfen reinem ätherischen Öl, z. B. Zitrone, Orange, Apfel, Rose, betropfen und raten lassen

8. WORTÜBUNGEN: FRÜHLING

Gedächtnis/Konzentration

Weitere beliebte Wortübungen:

Doppelwörter finden

Lassen Sie zusammengesetzte Wörter mit **„Frühling"** finden: **Frühling**sanfang, **Frühling**sblume, **Frühling**sgedicht ...

*Wortkette bilden (für geübte Teilnehmer*innen)*

- Sie beginnen mit dem Wort „Frühlin**g**".
- Das Wort, das der*die nächste Teilnehmer*in nennt, beginnt mit dem letzten Buchstaben dieses Wortes, also mit **g**, z. B. **G**änseblümche**n**.
- Das nächste Wort beginnt dann mit **n** usw.

9. MALEN MIT MALSCHWÄMMEN

Kreatives Gestalten | Sinneswahrnehmung

Probieren Sie mit den Teilnehmer*innen eine einfache Tupftechnik mit Malschwämmen aus.

Materialien:

pro Teilnehmer*in mind. 1 Malschwamm: verschieden große Malschwämme für unterschiedliche Motive (im Fachhandel oder aus Naturschwamm zurechtgeschnitten, z. B. 6 x 5 cm), Acryl- oder Aquarellfarbe, Leinwand, weißes Malpapier, Aquarellpapier, nasses Handtuch (zur Reinigung von Farbklecksen), Schüssel mit Wasser, ggf. Schutzhandschuhe und Malschürze

Durchführung:

- Bieten Sie den Teilnehmer*innen Schutzhandschuhe und -schürze an. Die Farbe kann spritzen.
- Bieten Sie Anfänger*innen zwei bis drei Farben an.
- Die Teilnehmer*innen tunken den trockenen oder gut ausgedrückten Schwamm in Farbe und tupfen die Farbe auf die Vorlage (Leinwand, Aquarellpapier oder Malpapier). Es werden nur Tupfen gemacht, es kann übereinandergetupft werden und es kann gegenständlich oder einfach ohne Motiv getupft werden.
- Die Tupfgröße hängt von der Schwammgröße ab.
- Die Schwämme müssen zum Farbwechsel gut ausgewaschen werden. Die Schwämme können unter den Teilnehmer*innen auch getauscht werden.

10. EIGENE HITPARADE MIT BEKANNTEN SCHLAGERN

Singen/Musizieren

Gestalten Sie mit den Teilnehmer*innen eine eigene kleine Hitparade:

- Alle Teilnehmer*innen erhalten einen Stift und so viele Notizzettel, wie Schlager gehört werden.
- Nachdem alle Schlager gemeinsam gehört wurden, bewerten die Teilnehmer*innen die Lieder, indem sie pro Lied eine Platzierungsnummer auf ihren Notizzettel schreiben. Beispiel: Bei acht gehörten Schlagern sind die Platzierungsnummern 1 bis 8 möglich.

- Zum Schluss zählen Sie die Platzierungen aus und der Schlager auf Platz eins wird nochmals gehört.

11. FRAGEN RUND UM DEN APFEL

Erzählrunde | Vorlesen | Gedächtnis/Konzentration

Nehmen Sie Erinnerungen auf und lenken Sie während der Backzeit eine kleine Gesprächsrunde rund um den Apfel.

Impulsfragen:

- Wie haben Sie früher Ihren Apfelkuchen gebacken?
- Welche Äpfel haben Sie für den Kuchen verwendet?
- Welche Apfelsorten kennen Sie und welche eignen sich gut zum Backen? (Boskop, Jonagold, Cox Orange)

Quizfragen:

- Welche Farben können Äpfel haben? *(rot, grün, gelb, grünbraun)*
- Welche Frucht sieht ähnlich aus wie der Apfel, schmeckt roh aber nicht? *(Quitte)*
- Welches leckere Apfelgebäck stammt ursprünglich aus Wien/Österreich? *(Apfelstrudel)*
- Wie heißt der Apfelbaum in der biblischen Geschichte im Paradies? *(Baum der Erkenntnis)*

12. TASTKISTE ZUR FÖRDERUNG DER TAKTILEN WAHRNEHMUNG

Sinneswahrnehmung

In den Deckel oder in die Seite eines Schuhkartons wird ein großes Loch für die fühlende Hand geschnitten oder der offene Karton wird mit einem Tuch zugedeckt. Der Karton wird mit bekannten Gegenständen, z. B. Alltagsgegenständen (Löffel, Stift), Naturmaterialien (Steine, rundes Holz) oder jahreszeitlichen Gegenständen (kleine Blütenzweige) befüllt.

13. AUFWÄRMEN NICHT VERGESSEN!

Bewegung

Beginnen Sie Bewegungsübungen und -spiele immer mit Aufwärmübungen, s. a. Karte 37 „Frühlingserwachen für die Finger".

14. HINTERGRUNDWISSEN ZU BEWEGUNGSLIEDERN

Bewegung | Singen/Musizieren

Bewegungslieder sind sehr beliebt. Sie können als Aufwärmübung, als Einzelaktivierung oder als Abschluss einer Aktivierungsrunde eingesetzt werden. Setzen Sie bekannte Schlager, Lieder und Volksweisen ein. Jede wichtige Aussage des Liedes begleiten Sie mit einer typischen Geste. Dabei singen Sie.

15. EIGENES FRÜHLINGSGESTECK GESTALTEN

Kreatives Gestalten

Es ist etwas Besonderes und stärkt das Selbstvertrauen, wenn die Teilnehmer*innen eigenständig einen Blumenstrauß oder ein -gesteck zusammenstellen können.

Materialien:

Pro Teilnehmer*in eine Vase bzw. einen Blumenübertopf, einen passenden Steckschwamm, verschiedene Zweige (z. B. Weidenkätzchen, Forsythien, Birke, Buche), seniorengerechte Scheren, Gartenscheren, Messer, diverse Dekorationsmaterialien (z. B. bunte Federn, Stoffblüten, bunte Schleifen)

Durchführung:

- Jede*r Teilnehmer*in sucht sich ein Blumengefäß aus.
- Unterstützen Sie die Teilnehmer*innen beim Schneiden des Steckschwammes. Alle Teilnehmer*innen stecken nun Zweige ihrer Wahl in den Steckschwamm und dekorieren diese mit den Dekorationsmaterialien.
- Geben Sie Unterstützung beim Bewässern des Steckschwammes.

16. IMPULSFRAGEN ZUM THEMA „PFLANZEN“

Erzählrunde | Kreatives Gestalten | Sinneswahrnehmung

- Haben Sie früher einen Garten gehabt?
- Hatten Sie einen Nutz- oder Ziergarten?
- Können Sie den Garten beschreiben?
- Können Sie sich an einen Garten Ihrer Kindheit erinnern?
- Haben Sie in Ihrer Wohnung gern Pflanzen gehabt?
- Haben Sie einen grünen Daumen?
- Welche Frühlingspflanzen würden Sie für Ihre Balkonbepflanzung aussuchen?

17. TIPPS ZUR PANTOMIME-DARSTELLUNG

Bewegung | Gedächtnis/Konzentration

Sie können die Pantomime auch unter ein Thema stellen, z. B. „Berufe“ (Friseur*in, Sekretär*in, Klavierspieler*in, Lehrer*in, Koch bzw. Köchin, Arzt bzw. Ärztin ...). Fertigen Sie Kärtchen mit Berufsbezeichnungen an oder bilden Sie darauf einen Beruf im Bild ab. Jeder Beruf wird mit einer typischen Bewegung/Geste dargestellt und muss von den anderen Teilnehmer*innen geraten werden.

18. TEEKESSELCHEN ZUM THEMA „VÖGEL“

Gedächtnis/Konzentration

Teekesselchen sind Wörter mit zwei oder drei Bedeutungen. Es ist ein sehr beliebtes Ratespiel, weil es vielen Teilnehmer*innen aus der Jugend bekannt ist. Beschreiben Sie das Teekesselchen, die Teilnehmer*innen raten:

- Schwalbe *(Vogel, Kleinkraftfahrzeug der DDR, unfaire Aktion beim Fußball)*
- Taube *(Vogel, gehörlose Frau)*
- Star *(Vogel, Augenkrankheit, Prominenter)*
- Kiwi *(Vogel, Frucht)*
- Hahn *(männliches Huhn, Wasserhahn)*

19. HINTERGRUNDWISSEN ZU DÜFTEN

Sinneswahrnehmung

Sprechen Sie den Einsatz von ätherischen Ölen immer mit der Pflegefachkraft ab, weil es zu Unverträglichkeiten kommen kann.

Grundsätze beim Einsatz ätherischer Öle:

- nur 100 % naturreine Öle verwenden
- bei Anwendung immer auf Zeichen von Unverträglichkeit achten, z. B. Kopfschmerzen, Juckreiz und Hautausschlag
- Duft in Absprache mit den Teilnehmer*innen verwenden (Lieblingsduft)
- keine Duftlampen mit Teelichtern verwenden (Brandgefahr), nach Hausstandard elektrische Duftlampen einsetzen und Anwendungshinweise beachten

20. DIE OSTERGESCHICHTE LESEN

Vorlesen | Erzählrunde

Kombinieren Sie das Osterrätsel mit einer Erzählrunde zur biblischen Ostergeschichte oder lesen Sie den Bibeltext auf Wunsch der Teilnehmer*innen gemeinsam:

- Einzug nach Jerusalem (Matthäus, Kapitel 21)
- Das Abendmahl (Matthäus, Kapitel 26)
- Verleumdung des Petrus (Matthäus, Kapitel 26)
- Gefangennahme im Garten Gethsemane (Matthäus, Kapitel 26)
- Verurteilung und Kreuzigung (Matthäus, Kapitel 27)
- Die Auferstehung (Matthäus, Kapitel 28)

21. EINFACHE DEKORATIONSIDEEN FÜR OSTEREIER

Kreatives Gestalten

Gefärbte Eier im Körbchen:

Ein Körbchen, eine Schale oder einen Kuchenteller mit Moos oder künstlichem Ostergras füllen, Eier darauf schön dekorieren.

Eierkette:

Ausgeblasene Eier oder Kunststoffeier mithilfe einer langen Nadel auf einen dicken Faden auffädeln; senkrecht oder waagerecht am Fenster oder an der Wand aufhängen.

TIPP: *Setzen Sie zwischen die Eier Perlen oder österliche Dekomaterialien.*

22. HINTERGRUNDWISSEN ZUR TRADITION DER PALMSTRÄUSSE

Vorlesen | Erzählrunde

Mit dem Palmsonntag wird des Einzugs Jesu in Jerusalem gedacht, der dort von den Menschen mit Palmzweigen begrüßt wurde. Das Palmbuschbinden, auch Palmensträußchenbinden genannt, ist in vielen Regionen eine beliebte Tradition. In vielen Kirchengemeinden binden die Gemeindemitglieder eine Woche vor Palmsonntag gemeinsam Palmsträußchen. Manchmal werden sie vor dem Gottesdienst verkauft und der Erlös wird einem sozialen Zweck gespendet. Die Palmsträußchen werden im Gottesdienst vom Pfarrer gesegnet und können mit nach Hause genommen werden.

23. APRILGEDICHT

Vorlesen | Erzählrunde

Ein Gedicht eröffnet oder ergänzt eine Erzählstunde.

April

Das ist die Drossel, die da schlägt,
Der Frühling, der mein Herz bewegt;
Ich fühle, die sich hold bezeigen,

Die Geister aus der Erde steigen.
Das Leben fließet wie ein Traum –
Mir ist wie Blume, Blatt und Baum.

— Theodor Storm (1817–1888)

24. OBSTDUFT RATEN

Sinneswahrnehmung

Düfte dienen der olfaktorischen Sinneswahrnehmung, z. B. als Obstraten in einer Einzelbetreuung:

- Wählen Sie bekannte Düfte, wie Zitrone, Orange, Apfel, Birne. Bereiten Sie drei kleine Schälchen mit je einer klein geschnittenen Obstsorte vor. Decken Sie die Schälchen ab.
- Nehmen Sie Kontakt zu dem*der Senior*in auf und erklären Sie: „Ich habe Ihnen heute etwas Schönes zum Riechen und Raten mitgebracht …"
- Reichen Sie ein Schälchen an, sodass der*die Senior*in daran schnuppern kann; ggf. kann er*sie die Augen schließen. Um welches Obst handelt es sich? Lassen Sie die kleinen Obststücke ggf. probieren.

25. FRÜHLINGSLIEDER UND -GEDICHTE

Singen/Musizieren | Erzählrunde

Gestalten Sie eine Aktivierungseinheit, bei der Sie gemeinsam Frühlingslieder singen und Frühlingsgedichte vorlesen bzw. rezitieren.

Liedvorschläge:

- „Komm, lieber Mai"
- „Jetzt fängt das schöne Frühjahr an"
- „Nun will der Lenz uns grüßen"

Gedichtvorschläge:

- Eduard Mörike: „Er ist's" (siehe „Quizfragen zum Frühling", S. 13–14)
- Johann Wolfgang von Goethe: „Mailied"
- Heinrich Heine: „Leise zieht durch mein Gemüt"

26. OSTERBÄCKEREI

Kochen/Backen | Sinneswahrnehmung

Sammeln Sie mit den Senior*innen bekannte Osterbackrezepte und backen Sie diese gemeinsam nach, z. B. Osterbrot, Osterzopf aus einem Hefeteig, Blechkuchen.

27. ENTSPANNUNGSÜBUNG: PALMIEREN

Entspannung

Die Teilnehmer*innen sitzen entspannt und Sie leiten mit ruhiger Stimme an:

- Sie sitzen bequem und atmen ruhig. Legen Sie die Handflächen aneinander und reiben Sie diese, bis sie warm werden. Nun legen Sie die Handflächen muschelförmig auf Ihre Augen.
- Genießen Sie die Wärme, solange Sie mögen (ein bis zwei Minuten), ggf. wiederholen Sie das Händereiben.
- Nehmen Sie nun Ihre Hände weg und schauen Sie bewusst in die Runde zu den anderen, im Raum umher oder aus dem Fenster. Wie fühlen Sie sich?

28. OSTEREIERKRANZ BASTELN

Kreatives Gestalten

Für den Ostereikranz passen Sie die Schablone an – je nach gewünschter Größe des Kranzes.

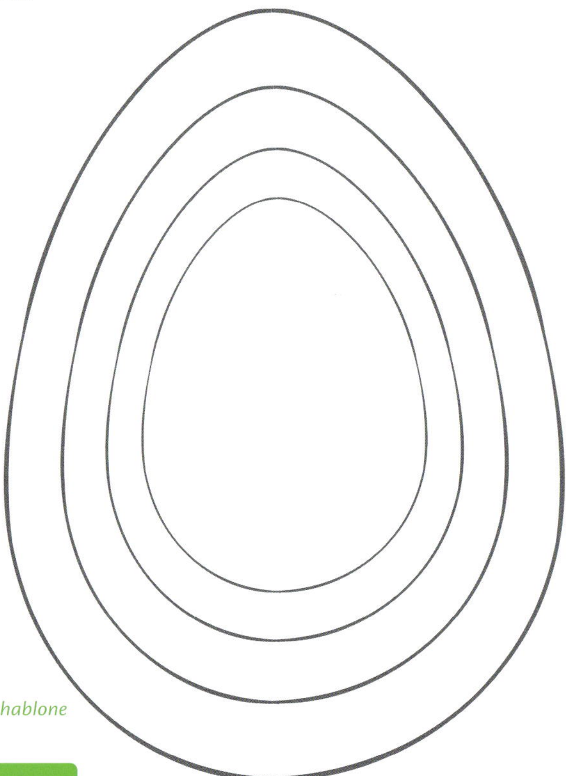

Beispiel Schablone

29. RUND UM DAS EI

Erzählrunde | Vorlesen

Gestalten Sie mit den Fragen rund um das Ei eine gesellige Runde:

- Was bedeutet das Ei zu Ostern? *(Symbol für Leben und Auferstehung)*
- Warum bringt der Osterhase die Ostereier? *(Hase bekommt als erstes Tier im Frühjahr Junge; war schon in früheren Zeiten ein Tiersymbol für Christus)*
- Welche Bedeutung hat das Küken? *(Symbol für Fruchtbarkeit und erwachendes Leben)*
- Welche Ostereier mögen Sie am liebsten?
- Wie haben Sie früher Ostereier gefärbt? *(Zwiebelschalen, Rote Bete)*
- Was haben Sie Ihren Kindern erzählt, wenn diese nach der Herkunft der Ostereier gefragt haben?

30. ERINNERUNGSKOFFER: URLAUB

Erzählrunde

Gestalten Sie eine Aktivierungsrunde oder eine Einzelaktivierung für Senior*innen mit Demenz mit einem Erinnerungskoffer. Packen Sie einen alten Koffer mit Erinnerungsstücken zum Thema „Urlaub in den 50er- und 60er-Jahren“, z. B.:

- Wanderrucksack, Wanderschuh, ggf. Wanderstock
- Brotdose und Wasserflasche
- Ansichtskarten, Reiseführer, Landkarte, Fotoapparat
- Badehose, Badeanzug, Badekappe

Einstieg:

- „Heute habe ich Ihnen etwas Schönes in diesem Koffer mitgebracht. Möchten Sie mal schauen?“
- Bei Interesse öffnen Sie gemeinsam den Koffer.
- Motivieren Sie dazu, die Gegenstände anzufassen.
- Stellen Sie Einstiegsfragen:

- Was denken Sie: Wozu benötigt man diese Dinge?
- Brotdose: Haben Sie auch so eine Brotdose gehabt? Wann haben Sie diese mitgenommen?
- Badehose/Badeanzug: Woran erinnert Sie das? Haben Sie mal einen Urlaub an der See gemacht?

31. ALKOHOLFREIE ERDBEERBOWLE ZUBEREITEN

Kochen/Backen | Sinneswahrnehmung

Für einen geselligen Nachmittag oder ein Frühlingsfest können Sie mit den Teilnehmer*innen eine Frühlingsbowle zubereiten.

Zutaten für ca. 3 Liter:

500 g frische Erdbeeren, 2 Stängel frische Minze, 2 Flaschen Ginger Ale oder alkoholfreier Sekt, 1 Flasche Orangensaft, Erdbeersirup nach Belieben

Material:

Bowlegefäß, pro Teilnehmer*in ein Glas

Zubereitung:

- Die Teilnehmer*innen waschen die Erdbeeren, tupfen sie trocken, putzen und vierteln sie.
- Ein*e Teilnehmer*in gibt die Früchte in das große Gefäß.
- Ein*e andere*r Teilnehmer*in gießt die Erdbeeren mit Ginger Ale/Sekt und Orangensaft auf.
- Lassen Sie die Bowle mit Erdbeersirup abschmecken und die Minzestängel hinzugeben. Stellen Sie die Bowle kalt.

32. GEMEINSAM EIN AKROSTICHON GESTALTEN

Gedächtnis/Konzentration | Vorlesen

Lassen Sie einzelne Sätze bzw. einen Text entstehen, indem Sie das Wort „Maifeiertag“ in Großbuchstaben untereinander an eine Wandtafel oder ein Flipchart schreiben. Zu jedem Anfangsbuchstaben finden die Teilnehmer*innen nun einen Satz, der mit Mai und dem Maifeiertag zu tun hat. Setzen Sie zum Schluss die Sätze zu einem zusammenhängenden Text zusammen und lesen Sie ihn vor.

Beispiele:

M: Mit der Kutsche eine Maifahrt machen, das ist wunderbar.
A: Alles neu macht der Mai.
I: Im schönen Monat Mai bin ich geboren.
F: Frühling, Sommer, Herbst und Winter.
E: Es war im Böhmerwald.
I: Im Mai kommen die Maikäfer.
E: Eine Maiwanderung ist für die ganze Familie schön.
R: Rund um den Blocksberg wird in der Walpurgisnacht getanzt.
T: Tanz in den Mai!
A: Aufruf zur Maikundgebung
G: Grüß Gott, du schöner Maien.

33. SITZTANZ MIT BUNTEN TÜCHERN

Bewegung

Ein Sitztanz kombiniert den Rhythmus einer bekannten Musik mit passenden, sich wiederholenden Bewegungen. Sitztänze machen Freude, sind gesundheitsfördernd und stärken viele Gehirnfunktionen, indem unterschiedliche Gehirnareale aktiviert werden. Für Menschen mit Demenz können Sie Sitztänze reduzieren, z. B. auf zwei Bewegungen.

Einfacher Sitztanz für Menschen mit Demenz

Materialien: CD mit dem „Schneewalzer“, CD-Player, pro Teilnehmer*in ein Chiffontuch in kräftiger Farbe

Durchführung:

- Sie sitzen mit den Teilnehmer*innen im halben Stuhlkreis mit geringem Abstand zum*r Nachbar*in.
- Jede*r Teilnehmer*in sucht sich ein Chiffontuch aus und hält es in der Hand, um sich daran zu gewöhnen.
- Regen Sie die Teilnehmer*innen zu freien Bewegungen mit den Tüchern an, z. B. neben dem Stuhl schwingen, vor dem Körper bewegen, den*die Nachbar*in damit begrüßen.
- Stellen Sie die Bewegungen für den Sitztanz vor:
  - Beim Einsatz der Musik einfaches Schunkeln und freie Bewegung der Tücher; bieten Sie ein bis zwei Tuchformationen an, z. B. neben dem Stuhl schwingen, vor dem Körper schwingen.
  - Beim „Schneewalzer"-Refrain: Tücher in die Höhe schwingen und damit dem*r Nachbar*in zuwinken.

34. GEDICHT ZUM MUTTERTAG

Vorlesen | Erzählrunde

Mutterns Hände

Hast uns Stulln jeschnitten
un Kaffe jekocht
un de Töppe rübajeschohm –
un jewischt und jenäht
un jemacht und jedreht ...
alles mit deine Hände.

Hast de Milch zujedeckt,
uns Bobongs zujesteckt
un Zeitungen ausjetragen –
hast die Hemden jezählt
und Kartoffeln jeschält ...
alles mit deine Hände.

[...]

Heiß warn se un kalt.
Nu sind se alt.
Nu bist du bald am Ende.
Da stehn wa nu hier,
und denn komm wir bei dir
und streicheln deine Hände.

— Kurt Tucholsky (1890–1935)

35. STAMMTISCH ZUM VATERTAG

Erzählrunde | Sinneswahrnehmung

Gestalten Sie den Vatertag oder Herrentag in Stammtischatmosphäre. Bereiten Sie in Absprache mit der hauswirtschaftlichen Versorgung einen deftigen Imbiss vor:

- alkoholfreies Bier, Wasser
- je nach Region: kräftige Brote und Brötchen, Laugenbrezeln, Bierbrötchen und Bierstangen, Salzgebäck
- rustikale Wurstplatte: je nach Region Würstchen, Weißwurst, Leberwurst, Wurst der Region

36. MUSIZIEREN MIT RHYTHMUSINSTRUMENTEN

Singen/Musizieren

Rhythmusinstrumente können ohne Vorkenntnisse eingesetzt werden. Es gibt Holz-, Metall-, Geräusch- und Fellinstrumente, z. B. Rassel, Handglocke, Glockenring, Schellenring, Schlagholz, Triangel, Handtrommel.

Singen mit Rhythmusinstrumenten

- Stellen Sie den Teilnehmer*innen die Instrumente vor. Fordern Sie sie auf, sich ein Instrument auszusuchen und sich mit dem Instrument vertraut zu machen.
- Achten Sie bei der Auswahl der Instrumente auf die Fähigkeiten der Teilnehmer*innen, z. B. bei Arthrose leichte Handinstrumente, bei Hemiplegie ein Instrument, das mit einer Hand gespielt werden kann.

- Suchen Sie zu Beginn bekannte und rhythmische Lieder zum Begleiten aus.
- Akzeptieren Sie, wenn jemand nicht aktiv mitmachen, sondern lieber zuschauen und -hören möchte.

37. FRÜHLINGSERWACHEN FÜR SCHULTER UND ARME

Bewegung

Beziehen Sie in einer Bewegungsrunde auch die Arme und den Schulterbereich mit ein. Übungen mit Materialien oder einer imaginären Vorstellung fallen den Teilnehmer*innen leichter als „trockene“ Übungen.

Aufwärmübungen:

- Hände aneinanderreiben und massieren
- 10-mal Hände zur Faust ballen und wieder öffnen
- Hände im Handgelenk drehen, Richtung ändern
- mit den Armen abwechselnd einen Kreis in die Luft malen
- beide Schultern nach hinten rollen

Übungen mit imaginärer Vorstellung:

- **Kirschen pflücken:** Arme abwechselnd nach oben strecken und imaginäre Kirschen vom Baum pflücken, dabei den Kopf keinesfalls überstrecken
- **Zitrone auspressen:** Hände nach vorn halten und eine imaginäre Zitrone auspressen; dabei die zusammengepressten Hände einige Sekunden so halten, anschließend lockern. Achtung: Pressen nicht übertreiben
- **Zuckertüte wegschieben:** imaginäre Tüte mit Zucker (1 kg) mit aufgestellten Händen auf einem imaginären Tisch nach vorn wegschieben
- **Wolle aufwickeln:** mit der rechten Hand ein imaginäres Wollknäuel aufwickeln, die linke Hand hält das Knäuel
- **Schreibmaschine tippen:** mit allen zehn Fingern auf einer imaginären Schreibmaschine tippen

HINWEIS: Lassen Sie die Übungen nur so ausführen, dass sie den Teilnehmer*innen guttun und Freude bereiten.

38. MIT MÄRCHEN ENTSPANNEN

Entspannung | Vorlesen

Setzen Sie einfache Entspannungsmöglichkeiten ein, bei denen sich die Teilnehmer*innen ohne Anforderungserwartung entspannen können, z. B. bekannte Märchen. Diese sind ideal zur Entspannung für Menschen mit Demenz geeignet: Es wird die Gefühlsebene angesprochen, die Märchen sind bekannt und stellen keine Erwartung an die Teilnehmer*innen. Zuhören und da sein genügt. Beispiele: „Die Sterntaler", „Dornröschen", „Die Schneekönigin".

39. BILDBETRACHTUNG UND -BESCHREIBUNG

Sinneswahrnehmung

Bildbetrachtungen werden von den Teilnehmer*innen eher als schwierig empfunden. Suchen Sie deshalb Bilder mit biografischem Bezug aus. Durch die Auswahl der Motive und Aufgaben legen Sie den Schwierigkeitsgrad flexibel fest:

Einfache Bildbeschreibung: Assoziation

- Sie legen unterschiedliche Bilder, Karten oder Fotos zu einem Thema aus.
- Jede*r Teilnehmer*in sucht sich ein Motiv aus.
- Die Senior*innen teilen mit, was ihnen an ihrem Bild gefällt, was ihnen nicht gefällt und was ihnen zuallererst zu dem Bild einfällt.

40. HOLUNDERBLÜTENSIRUP HERSTELLEN

Kochen/Backen

Zutaten:

20 große, gereinigte Holunderblütendolden, 2 l Wasser, 2 EL Zitronensäure, 2 Bio-Zitronen, 2 kg Zucker

Zubereitung:

- Reinigen Sie gemeinsam mit den Teilnehmer*innen die Holunderblütendolden: ausschütteln und mit kalten Wasser abspülen.
- Bringen Sie in einem Topf das Wasser mit Zucker zum Kochen, bis sich der Zucker aufgelöst hat. Ein*e Teilnehmer*in rührt vorsichtig um. Ein*e weitere*r Teilnehmer*in wäscht die Zitronen und schneidet sie in Scheiben.
- Holunderblüten, Zitronenscheiben und Zitronensäure zum Zuckerwasser geben, abkühlen lassen und mit einem Küchentuch abgedeckt drei Tage im Kühlschrank ziehen lassen.
- Füllen Sie den fertigen Sirup durch ein feines Sieb in saubere Flaschen ab. In sauberen Flaschen und gut gekühlt ist der Sirup einige Wochen haltbar.
- Genießen Sie das Sirupgetränk (mit Mineralwasser) in froher Runde.

HINWEIS: Für Diabetiker*innen ist der Sirup nicht geeignet, da er sehr süß ist.